ISHVARA

Die Verwirklichung des Selbst

mit den 29 Karten von Ishvara

Bilder von Maria Theresia Bitterli

Studio ISHVARA

Studioishvara © 2019

ISBN: 9783750400887

Herstellung und Verlag:

BoD – Books on

Demand, Norderstedt

www.studioishvara.com

SOMMARIO

EINFÜHRUNG

In den vedischen Texten wird Ishvara als die höchste Personifikation des Göttlichen beschrieben, die sich durch den Verstand vorstellen lässt. Ishvara ist wie der Wind, du siehst ihn nicht, aber du hörst ihn. Seine Manifestation ist vielfältig. Ishvara manifestiert sich auch durch uns. Ishvara ist nur ein Zeichen, das uns den Weg zur Essenz zeigt. Ishvara ist unser Spiegel der Seele. Ishvara ist für diejenigen gedacht, die bereit sind, über Form und Nichtform hinauszugehen.

Wir beginnen eine Reise der Selbsterkenntnis mit dem Orakel von Ishvara. Dies ist die Reise, die mit dem Ruf der Seele beginnt, der Stimme, die aus den Tiefen unserer Träume flüstert, um nach dem inneren, spirituellen Reichtum und der Schönheit unseres Lebens in der Verwirklichung des Selbst zu suchen.

1. WER SIND WIR

Ihr seid was ihr seid, weil ihr nicht anders könnt. Ihr seid schon was ihr sucht. Ihr seid jenseits der Erinnerung an die Vergangenheit, jenseits von Zeit und Raum. Lernt euch selbst besser kennen und ihr werdet verstehen, dass ihr alle aus derselben Quelle stammt, auch wenn ihr euch voneinander unterscheidet. Ihr seid Zeuge vom Gehen und Kommen des Atems, des Bewusstseins selbst. Sieht euch immer als Gottes Werkzeug.

2. GÜLTIGE MENSCHLICHE BEZIEHUNGEN

Manchmal drückt ihr menschliche Seiten aus, die schwer zu verstehen und noch mehr zu akzeptieren sind. Lernt erstens, euch Zeit zu nehmen, alleine und in Frieden mit euch selbst zu sein. Dadurch werdet ihr in der Lage sein, eure mentalen Muster zu beobachten, die immer klarer werden und somit immer weniger Einfluss auf euch haben werden. Nur so könnt ihr die anderen im Hier und Jetzt begegnen, ohne dass ihr noch von der Vergangenheit beeinflusst seid. Und somit können sich immer neue und kreative gültige menschliche Beziehungen entfalten. Tiefere Beziehungen basieren auf menschliche Werte, die auf gegenseitigem Respekt und gegenseitiges Verständnis beruhen.

3. SCHMERZEN , LEIDEN

Denkt nicht daran, den Schmerzen zu entweichen. Lernt hingegen immer mehr in den Schmerz hineinzugehen und euch ihm zu überlassen. Ihr werdet den Schmerz vollständig überwinden, wenn ihr erkennt, dass ihr die Ewigkeit seid. Sich zu sehr auf den Körper zu konzentrieren, lenkt von der Ewigkeit ab. Warum macht

11

ihr euch so viele Gedanken darüber, wenn ihr den Körper ohnehin irgendwann aufgeben müsst? Mystiker und Heilige jeder Religion haben gezeigt, dass es möglich ist, mystische Ekstasen zu erleben, selbst wenn ihr Körper und Geist Schmerzen und Leiden hatten.

4. ZEIT

Die Reaktion gehört immer zur Vergangenheit. Der Gedanke ist die Vergangenheit, die sich in der Gegenwart verändert und in die Zukunft projiziert wird. Eure Sehnsucht nach der Vergangenheit lässt euch die ewige neue Schönheit des gegenwärtigen Augenblicks wie durch einen Nebel wahrnehmen. Der menschliche Zeitraum ist sehr lange, der spirituelle hingegen augenblicklich. Die göttliche Gnade ist jenseits von Zeit und Raum. Sie entscheidet, wie und wann das Selbst verwirklicht werden kann.

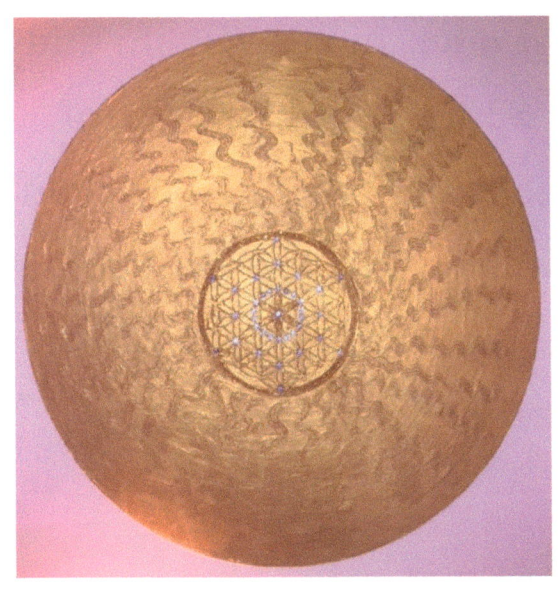

5. HIERARCHIE UND VIELFALT

Die Hierarchie ist im Wesentlichen Eins, in der Manifestation drückt sie sich in Vielfalt aus. Die Sonne kann zum Beispiel als die höchste Hierarchie für euch angesehen werden; denn ohne sie gäbe es kein Leben, aber sie befiehlt euch nicht, sie sagt euch nicht, was ihr tun sollt. Die Sonne scheint auf alle, unterscheidet nicht zwischen gut und schlecht. Jeder von euch ist ein Meister und ein Schüler und reine Transzendenz von beiden.

6. TRAUM

Die Magie des gegenwärtigen Augenblicks im Hier und Jetzt öffnet eure Herzen. Lernt immer mehr euch im Hier und Jetzt zu entspannen, unabhängig davon, was ihr tut. Alles, was ihr braucht, um euren Traum zu verwirklichen, wird zur gegebenen

Zeit zu euch kommen. Entspannt euch also immer mehr. Lebt euer Leben, als wäre es ein großartiger Traum voller Schönheit, denn alle Bewusstseinszustände,
einschließlich der Wachzustand, sind die Konsistenz eines Traumes in den Augen des Selbst, also nur vorübergehend. Entscheidet euch jetzt, glücklich zu sein. Auf diese Weise wird das Leben zu einem Segen, zu einer unumgänglichen Gelegenheit in Freude und Liebe zu wachsen.

7. SPIEGEL, UND PROJEKTIONEN

Auch wenn euer Leben seinen eigenen Tagesrhythmus hat, hört immer auf euer Herz, das euch im Rahmen eurer Möglichkeiten hilft, zu erkennen, was für euch am besten ist. Denkt daran, auch wenn ihr still seid oder rennt, der Frieden wird immer in euch herrschen. Beobachtet ihn daher im Hier und Jetzt, und ihr werdet feststellen, dass er immer in euch war und sein wird, auch wenn euer Körper aufhören wird zu funktionieren, wird dieser außergewöhnliche innere Frieden weiter bestehen, und genau das ist die Ewigkeit. Ihr seid die Ewigkeit. Euer Körper und euer Geist sind aus der Ewigkeit entstanden. Körper und Geist werden geboren und von der Ewigkeit wieder absorbiert, die euer unendlicher Frieden in euch, im Hier und Jetzt, ist. Euer Geist ist der Bildschirm, der Spiegel, in dem das erscheint, was ihr sieht und was ihr in eurem Leben erlebt. Je mehr ihr euch mit dem Verstand oder mit dem Bild, das ihr von euch selbst habt, identifiziert, desto mehr werdet ihr leiden, weil es sich früher oder später wieder auflösen wird. Wenn ihr euch andererseits in der inneren Stille erkennt, die dem Verstand vorausgeht, wird es niemanden mehr geben, der sich mit dem Spiegel identifizieren und leiden wird, da ihr das Leben aus der Perspektive dieser unermesslichen Stille beobachten werdet. Ihr seid diese unendliche Stille, die Raum ohne Grenzen ist,

21

eine Leere, in der weder Zeit noch Raum existieren, sondern nur reine Liebe, reines Bewusstsein, das sich in diesem Moment im Hier und Jetzt manifestiert und das aus derselben Essenz besteht. Daher ist jede Form der Trennung transzendiert. Beobachtet euch anhand dieser Stille und was in eurem Bewusstsein geschieht. Ihr beobachtet was ihr seid und was mit eurem Körper und Geist passiert. Identifiziert euch nicht mehr mit dem, was auf den Bildschirm eures Bewusstseins projiziert wird. Ihr geht dem voraus, was ihr glaubt zu sein. Die innere

Stille ist das Selbst, das alles vereint und transzendiert und es gibt keine Trennung mehr.

8. SCHICKSAL

Das Schicksal ist auf jeden Fall freigesprochen, überlasst euch daher ganz ihm, nicht als bedrückende Form des resignierten Nihilismus, sondern im Gegenteil, als das, was durch den göttlichen Plan festgelegt wurde, mit vollem Bewusstsein und Gelassenheit zu erfüllen. Denkt immer daran, dass euer Wille und eure Verantwortung Teil des göttlichen Plans sind. Ihr seid die Welt und die Welt seid ihr. Das Schicksal, das ihr jetzt lebt, ist euer Kompass, und wenn ihr jede Handlung im Hier und Jetzt in Richtung völliger Freiheit erlebt, werdet ihr zum Erwachen der reinen Liebe geführt. Der Zufall akzeptiert die Unwissenheit, aber die Freiheit transzendiert beide.

9. MEISTER

Spirituelle MeisterInnen sind da, um euch daran zu erinnern, was ihr vergessen habt. Ihr habt vergessen, woran ihr euch nicht mehr erinnern könnt. Nicht alle Meister können euch zum Selbst führen. Einige geben euch Techniken, die euch einschränken. Befreit euch von dem

Bild, das ihr euch vom Meister gemacht habt, sonst seid ihr weiterhin in einem Käfig. Eine wahre Meisterin oder Meister befreit euch und sperrt euch nicht in einen Käfig. Für was braucht es ein Bild zum anbeten, wenn ihr wisst, dass ihr das Absolute seid? Nichts hindert euch jedoch daran, ein Bild zu verehren, wenn ihr wisst, dass ihr das Absolute seid.

10. JENSEITS VON DUALITÄT UND NICHT-DUALITÄT

Die Dualität sollte durch Meditation überwunden werden. Euer dualer Verstand wird niemals die Tatsache akzeptieren, dass ihr ewig seid. Sobald die Einheit erreicht worden ist, gibt es kein Zurück mehr.

Grundsätzlich ist es eine Fusion zwischen dem Ich und dem Selbst. Die Täuschung eures Geistes lässt euch irrtümlicherweise glauben, dass ihr von der Welt getrennt seid, aber selbst wenn ihr anders seid, seid ihr nicht getrennt. Tatsächlich könnt ihr es nicht sein, weil ihr die Frucht der Welt seid, und als solches, könnt ihr nicht von ihr getrennt werden. Ihr seid die Welt. Wenn es keine Trennung gibt, gibt es Totalität, und nur so könnt ihr euer Leben vollständig leben. Die Welle ist nicht vom Ozean getrennt. Dualität und Nicht-Dualität sind beide Seiten einer gleichen Medaille. Meditation vereint sie und transzendiert sie.

11. PARALLELWELTEN DES MULTIVERSUMS

Es gibt unendlich viele Parallelwelten, die auf unendlich viele Arten beschrieben werden können. Meditation ist keine Flucht in andere Welten, im Gegenteil, sie

blüht immer im Hier und Jetzt und
bringt ihre Früchte in den Alltag.

12. UNBESTÄNDIGKEIT

Geburt und Tod sind illusorisch, weil sie unbeständig sind. Wenn ihr euch zu sehr auf die Vergänglichkeit fokussiert, entfernt ihr euch vom Selbst. Von dem Moment an, wo ihr euch inkarniert habt, habt ihr die Dimension der Ewigkeit verloren und um sie wiederzufinden, solltet ihr wiederentdecken, was ihr wart, bevor ihr empfangen wurdet. Die Ewigkeit ist jenseits von Vergänglichkeit und Beständigkeit. In der Nicht-Trennung ist alles Ewigkeit. Reines Bewusstsein ist die Ewigkeit, die die Zeugin des Kommens und Gehen der verschiedenen Bewusstseinszustände ist.

13. MEDITATION

Ihr solltet euch mehr Zeit zum Meditieren nehmen, da alle Antworten auf eure Fragen bereits in euch sind. Wenn ihr meditiert, werdet ihr zunehmend erkennen, dass ihr nicht alles seid, was ihr glaubt zu sein. Wenn ihr wisst, wer meditiert, spielt der Gegenstand der Meditation keine Rolle mehr. Beginnt zu meditieren, indem euch bewusst wirst, was ihr im Hier und Jetzt seid. Meditiert dann über die Form und später über die Nichtform und dann wird die innere Stille euer Meister sein.

14. DAS MANTRA OM NAMÒ ISHVARAYA NAMAHA

Dieses Mantra ist eine Vereinigung sehr alter Mantras und ein Lob an das Absolute. Jedes Mantra hat einen Nutzen von der Göttlichkeit, an die es gerichtet wird. Dieses Mantra wird für diejenigen empfohlen, die hungrig sind, aber sich mit Rezepten nicht zufrieden stellen. Es ist das Mantra, das euch offenbart wird, ohne dass ihr es freiwillig wiederholen müsst. Lasst es mit Freude in eurem Geist tanzen. Habt keine Regeln, lasst das Mantra sich selbst rezitieren. Erzwingt nichts. Lasst das Rezitieren spontan geschehen. Blockiert oder bremst nicht, wenn das Mantra aus der Stille eures Geistes erwacht wird. Werdet nicht zu technisch, sonst verliert ihr die tiefe Bedeutung des Mantras. Das Mantra führt euch zu Gott. Das Mantra ist die höchste Form des Gebetes. Beide werden in der Stille des Geistes geboren und wieder aufgelöst.

15. DAS LEBEN IST IM HIER UND JETZT

Man sollte kein Leiden suchen, sondern die Lebensfreude. Es ist kein Opfer erforderlich, um Gott zu erreichen, es sei denn, der göttliche Plan sieht es vor. Es ist nicht notwendig, dass ihr euch selbst opfert. Wer seid ihr denn, wenn nicht das Nichts, die Leere, die Stille, Alles? Wir sollten uns ganz dem Leben hingeben, um in jedem Moment wiedergeboren zu werden. Genießt jeden Moment des Lebens ohne Reue oder Anhaftung. Schließt niemals etwas aus dem Leben aus, denn alles ist immer möglich. Das Leben ist eine ständige Erneuerung. Lernt das Außergewöhnliche im Alltäglichen zu sehen. Es gibt nur das, was ist, das Hier und Jetzt. Macht jeden Moment eures Lebens zu einer Feier der Heiligkeit.

16. FREIER WILLE

Der freie Wille wird weder von Gott noch von einem Meister übertreten. Der freie Wille existiert, solange ihr euch nur als einen Körper und Geist betrachtet. Entscheidet euch immer so, als ob ihr einen freien Willen hättet. Dies wird euch helfen, verantwortungsbewusster zu sein. Die Verantwortung öffnet die Türen des Mitgefühls, welches Liebe ist.

17. DER STILLE GEIST

Der Geist kann euch nur anlügen, weil er immer begrenzt ist. Zweifel sind Teil des Geistes. Der Geist lügt, deshalb hört ihr anderen zu, anstatt euch selbst zu vertrauen. Sobald alle Konzepte aufgegeben worden sind, tritt der Geist in eine tiefe und ekstatische Stille ein. An diesem

44

Punkt habt ihr alle Formen der Individualität und Trennung überwunden, und der Geist wird in der Verwirklichung des Selbst heilig und sinkt in die Ewigkeit. Seid euch der Tiefe der Stille, die in eurem Geist ist, immer bewusster. Stille ist die höchste Form der Weisheit. Ein stiller Geist weiß wie, zuzuhören und die Schönheit des Lebens anzunehmen, weil er außerordentlich sensibel ist. Form und Nichtform umarmen sich in der Tiefe eines stillen Geistes.

18. DER GÖTTLICHE PLAN

Der begrenzte Verstand wird niemals verstehen können, warum man sich dem göttlichen Willen überlässt. Ihr könnt ein ganzes Leben lang kämpfen, aber nur wenn es vom göttlichen Plan bestimmt ist, wird sich das realisieren, was ihr wollt.

Nichts ist falsch, alles ist göttlicher Plan. Es ist kein Opfer erforderlich, um das zu erreichen, was ihr wollt, es sei denn, der göttliche Plan sieht es vor. Wenn ihr erkennt, dass der Verstand den göttlichen Plan niemals vollständig verstehen kann, entspannt ihr euch und überlässt euch immer mehr dem göttlichen Willen. Dann wird euer Verstand immer stiller und aus dieser tiefen Stille entspringt die richtige Handlung, die im Einklang mit dem göttlichen Plan ist, und dies ist die Blüte der Liebe und des Mitgefühls.

19. FREIHEIT

Freiheit bedeutet nicht, das zu tun, was ihr wollt und mögt; das ist Infantilismus, Unreife und Verantwortungslosigkeit. Befreit euch von jeglicher psychischen Konditionierung, indem ihr beobachtet, wie eure Gedanken den ganzen Tag über euren Geist beeinflussen. Euch selbst zu kennen, entsteht durch das Beobachten dessen, was ihr tatsächlich von Moment zu Moment seid. Dies befreit euch von jeglicher Konditionierung, von jeglichem Konflikt und bringt mehr Gelassenheit und Frieden in euren Leben. Lernt immer mehr euch von Ängsten, Wut, Besessenheit, Eifersucht usw. zu befreien, wenn diese in eueren täglichen Leben auftreten. Freiheit beginnt von dem Moment an, wo ihr euch der Bewegungen eures Geistes, wenn diese entstehen, immer mehr bewusst werdet. Lernt aus den Tatsachen, aus dem, was ihr seid. Das bloße Theoretisieren wird euch mit Sicherheit nicht ändern. Ihr könnt viele Theorien über Wut kennen, aber nur wenn sie tatsächlich in euren Leben auftritt, wird sie zu einer Erfahrung, zu einer Tatsache. Wenn ihr es schafft, sie besser zu handhaben, indem ihr über eure Wut immer bewusster werdet, wird sie immer weniger Einfluss auf euch haben und ihr werdet somit immer freier sein. Lernt mit euch selbst zufrieden zu sein und macht euer Glück nicht von äußeren

Faktoren abhängig. Liebe heisst, sich von allen Konditionierungen zu befreien. Freiheit besteht nur im Hier und Jetzt und gedeiht in der Stille des Geistes.

20. LICHT

Die Idee einer Tatsache ist nicht die Tatsache selbst. Das Wort Licht ist nicht das Licht selbst. Die Vorstellung, die ihr vom Licht habt, ist nicht das Licht selbst, sondern nur eine Beschreibung davon. Alles, was beschrieben werden kann, ist nicht die Wahrheit. Das Licht des Bewusstseins zeigt euch, was ihr wirklich in eurem täglichen Leben seid. Solch ein Licht verbrennt Gedanken bevor sie entstehen. Bietet eure negativen Emotionen und eure zwielichtigen Gefühle der Flamme des Bewusstseins an und alles wird wieder in Einklang kommen. Seid Licht für euch selbst. Wo Licht ist, kann es keinen Schatten geben. Das Ich, das das Selbst sucht, löst sich auf, wie die Motte, die in der Nähe des Lichts verbrannt stirbt. Das Licht des Bewusstseins dessen, was ihr von Moment zu Moment seid, wird mehr und mehr Klarheit und Freiheit in euren Leben und mit denen, die mit euch in Kontakt kommen, bringen.

21. LIEBE

Verliert niemals die Liebe und die Leidenschaft zur Wahrheit. Die Suche nach der Wahrheit ist der Weg der Liebe. Liebe ist die Wahrheit, die sich durch Tatsachen im Alltag ausdrückt. Liebe bedeutet, den anderen nicht das anzutun, was ihr euch selbst nicht antun würdet. Liebe ist sich zu bemühen, sich selbst und den anderen gegenüber immer freundlich zu sein. Liebe gibt, ohne etwas dafür zu verlangen. Liebe ist auch unterscheiden zu können. Selbsterkenntnis öffnet die Tür zum Verstehen und Akzeptieren der Vielfalt, was Liebe und Mitgefühl ist.

22. REINIGUNG DES KÖRPERS UND DES GEISTES

Wenn ihr euch im Traum oder im traumlosen Schlafzustand befindet, kümmert ihr euch nicht um die Reinigung des Körpers und des Geistes. Das Problem entsteht in diesem Bewusstseinszustand, im Wachzustand, der nicht der einzige ist. Es kommt also darauf an, aus welcher Perspektive man schaut. Wenn zum Beispiel die Beobachtung des Problems aus der Perspektive des Selbst erfolgt, das heißt aus der Sicht vor eurer Geburt oder eurer ersten Geburt, werdet ihr feststellen, dass diejenigen, die es benötigen gereinigt zu werden, nicht existieren. Daher tritt das Problem schon gar nicht auf. Erfolgt die Beobachtung des Problems hingegen aus der Sicht des Körpers und des Geistes, so wird der Gedanke, sich reinigen zu müssen, sozusagen real, da er nicht nur von der Idee getragen wird, sich von etwas reinigen zu müssen, sondern vor allem sich auch mit dem Körper und dem Geist identifiziert. Sowohl der Körper als auch der Geist benötigen eine Form der Reinigung, die in diesem Fall als die Fähigkeit verstanden wird, beide gesund zu erhalten, indem der Körper so gesund wie möglich bleibt und der Geist immer gelassener und stiller wird. Lasst den Geist entspannen und euer Herz wird mit Liebe schlagen.

23. DIE WAHL

Wo Auswahl ist, gibt es Verwirrung. Klarheit erfordert keine Auswahl. Bei Verwirrung ist es besser, nicht zu wählen, sondern sich die Zeit zu nehmen, die erforderlich ist, um alle Zweifel aufzulösen. Und dann werdet ihr feststellen, dass es nicht mehr nötig ist, sich entscheiden zu müssen, weil ihr wisst, wie man das Richtige tut, d.h. was getan werden muss. Denkt daran, eine Entscheidung kann auch sein, nicht zu wählen. Euer Leben wird weitergehen, auch wenn ihr euch nicht entscheiden könnt. Aber lasst nicht zu, dass andere über euer Leben entscheiden. Die völlige Hingabe an den göttlichen Willen bestreitet nicht eure Fähigkeit zu entscheiden, sondern im Gegenteil, befreit euch von eurem Egoismus, sodass ihr euch für das Gemeinwohl entscheiden könnt.

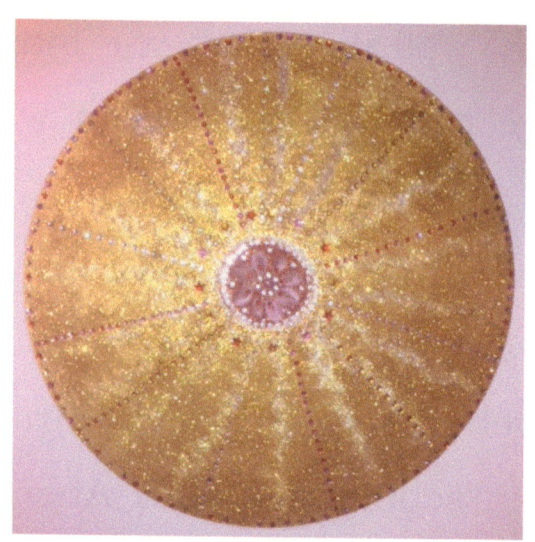

24. EWIGKEIT

Ihr seid ewig, aber ihr glaubt es weiterhin nicht. Auf der physischen Ebene ist es unmöglich, die Ewigkeit zu verwirklichen. Ihr könnt es nur glauben, solange ihr euch im Körper befindet. Der spirituelle Weg ist genau diese Entidentifizierung von

eurem Körper und Geist. Dies führt
euch in die Ewigkeit zurück.

25. DER AKT DES BEOBACHTENS

Das Denken schafft den Beobachter, das Beobachtete und den Akt des Beobachtens. Anscheinend scheinen sie getrennt zu sein, stattdessen sind sie eine einzigartige Bewegung. Ihr seid das, was das Entstehen und die Auflösung eurer Gedanken in eurem

Geist bezeugt. Ihr seid die Stille in eurem Geist, die jedem Gedanken vorausgeht. Wenn ihr euch der Stille bewusst werdet, die in euch herrscht, wird euer Leben immer ruhiger und ihr werdet immer mehr Zustände unendlicher Glückseligkeit und Ekstase erleben.

26. DIE UNIVERSELLE EVOLUTION

Die Qualität eures Geistes legt eure Bewertungskriterien fest. Keiner ist besser oder schlechter als der andere. Ihr seid alle miteinander verbunden. Die Liebe wird euch zeigen, dass ihr zwar anders seid, aber nicht voneinander getrennt. Die Wege sind immer unterschiedlich, aber die Quelle ist für alle die Gleiche.

27. VERWIRKLICHUNG DES SELBST

In den verschiedenen Bewusstseinsebenen gibt es unterschiedliche Evolutionsgrade, die von den Erfahrungen der Seele abhängig sind. Alle die sich manifestieren, unterliegen diesen Gesetzen. Es gibt keine Evolution, sondern nur Ereignisse, die geschehen. Die Verwirklichung des Selbst geschieht in dem Moment, wo ihr völlig akzeptiert, dass ihr das Absolute seid. Wenn ihr das Selbst erkennt, verbrennt die Flamme des reinen Bewusstseins alles, was ihr nicht seid und das was von euch übrigbleibt, existiert weiter, indem es seinem Lauf nimmt. Es ist wie das Ausschalten eines Ventilators, die Propeller drehen sich weiter bis es keine Energie mehr gibt. Genauso ist es mit euren Leben. Macht euch kein Bild mehr von euch selbst. Wenn es in eurem Geist auftaucht, verbrennt es, opfert und macht es auf der Flamme des reinen Bewusstseins heilig, das seine Wurzeln im Frieden des Geistes geschlagen hat. Nur dann seid ihr von jeglicher Konditionierung wirklich frei. Ihr seid das unveränderliche Bewusstsein, das sowohl dem Bewusstsein als auch dem Unterbewusstsein vorausgeht.

28. DAS SELBST

Das Selbst ist das Absolute, deshalb beinhaltet es alles, Wissen und Nichtwissen. Es gibt nichts außerhalb des Selbst. Innere Stille ist das Selbst, das alles und nichts vereint und transzendiert und jede Trennung löst sich auf.

29. DAS ABSOLUTE, GOTT

Wenn es euch nicht möglich ist zu akzeptieren, dass ihr das Absolute seid, dann beginnt damit, euch selbst zu überzeugen, dass ihr das Absolute seid, indem ihr jeden Zweifel aus eurem Verstand treibt. Das Gefühl der vollständigen Erfüllung im Leben wird erreicht, **wenn** man vollständig akzeptiert, das Absolute **zu sein**. In **dem Moment** löst sich jedes Gefühl der Trennung auf.

FAZIT

Wir hoffen aufrichtig, dass diese erleuchtenden Karten euch helfen, Freiheit, Licht und Liebe in euren Leben zu bringen.

ISHVARA

FREIHEIT * LICHT * LIEBE

Dawio Bordoli

Insegnante di Yoga sciamanico, Costellatore immaginale, Musicoterapista, Master Reiki, Channelor, ricercatore spirituale, ha creato insieme a sua moglie Therry diverse tecniche di crescita personale e spirituale come l'Ishvara Amrita Yoga, Costellazioni

Relazionali, Ishvara Healing Meditation, Zen-Satsang e la Pittura Zen creativa; conduce gruppi per la crescita personale e spirituale e di Kirtan/Bhajan. Ha pubblicato 11 libri.

Maria Theresia Bitterli

Master of Art in Counseling Relazionale, Bachelor in scienza della comunicazione, Costellatrice e Counselor immaginale, Drammaterapista, Musicoterapista, Arteterapista, Master Reiki, Naturopata, Channelor, Medium e

Guaritrice della luce, insegnante di AuyrYoga, Yesudian e Yoga sciamanico, Astrologa, ricercatrice spirituale, ha creato insieme a suo marito Dawio diverse tecniche di crescita personale e spirituale come l'Ishvara Amrita Yoga, Costellazioni Relazionali, Ishvara Healing Meditation, Zen-Satsang e la pittura Zen creativa, conduce diversi gruppi di attività per la crescita personale e spirituale. Ha pubblicato 18 libri.

www.studioishvara.com